Psicolirismo da
Terapia Cotidiana

Rita Moutinho

Psicolirismo da Terapia Cotidiana

POESIA

Ateliê Editorial

Copyright © 2013 by Rita Moutinho

Direitos reservados e protegidos pela Lei 9.610 de 19 de fevereiro de 1998.
É proibida a reprodução total ou parcial sem autorização,
por escrito, da editora.

Dados Internacionais de Catalogação na Publicação (CIP)
(Câmara Brasileira do Livro, SP, Brasil)

Moutinho, Rita
Psicolirismo da Terapia Cotidiana: poesia/
Rita Moutinho. – Cotia, SP: Ateliê Editorial,
2013.

ISBN 978-85-7480-639-6

1. Poesia brasileira 2. Psicanálise e
literatura I. Título.

13-02222   CDD-869.91

Índices para catálogo sistemático:

1. Poesia e psicanálise: Literatura brasileira

869.91

Direitos reservados à
ATELIÊ EDITORIAL
Estrada da Aldeia de Carapicuíba, 897
06709-300 – Granja Viana – Cotia – SP
Telefax: (11) 4612-9666
www.atelie.com.br / contato@atelie.com.br

2013

Printed in Brazil
Foi feito o depósito legal

para Oswaldo, que não escolheu a profissão de bancário;

para Ivan, por suas folhas em branco.

Sumário

Apresentação – *Sergio Paulo Rouanet* 13
Nota da Autora 19
Adentrando 25

Tempo Nublado

1. *O silêncio se prolonga* 31
2. *Faz tempo que não respiro ar puro* 32
3. *Torrentes vedam meu olhar* 33
Soneto da síndrome do pânico 34
4. *De repente espremer-me em sumo* 35
5. *Viver pela primeira vez* 36
Soneto da dúvida nas águas 38
6. *Deixo pra amanhã* 39
7. *Como imprensada* 40
Soneto do pesadelo do manto frustrado 41
8. *Sento, acendo um cigarro* 42
9. *– Não consigo entender* 43

10. *É como abrir a adega* 44

Soneto da urgência da crise presente. 45

11. *Condenam as sessões extras.* 46

12. *Suas interpretações* 47

13. *Estou assim como um cipreste em frasco* 48

14. *É o Arthaud, o Nietzsche* 49

Soneto de papéis e personagens 50

Soneto da grande ansiedade 51

15. *– Sei que são três horas da manhã* 52

16. *Depois da sessão* 54

Soneto da verve encobrindo a crise 55

17. *Ah, se eu pudesse* 56

18. *Minha língua de cobra* 58

Soneto da lembrança encobridora 59

19. *Sob minhas pálpebras fechadas* 60

20. *Espelho, espelho meu* 61

21. *Peremptoriamente* 62

Soneto do início da análise 63

Soneto do não querer morrer 64

Soneto grato à mitologia 65

Soneto do dar tempo ao tempo 66

Tempo Instável

Soneto das viagens ao passado 69

22. *Sonhei e trago à depuração* 70

23. *Intervalo entre o que sinto* 71

24. *A favor está o que retardo* 73

25. *Há carícias de alegrias* 74

Soneto das noites em claro escuro 75

26. *(ÚLTIMA HOMENAGEM A UMA CASA DE VILA)* 76

27. *Na vila me projetava do solo* 77

28. *Meus olhos não choram* 79

Soneto do desvincular na baixa temporada 80

Soneto que reitera o pedir um tempo 81

29. *Impaciente, aflita* 82

30. *Foi necessária a abstinência* 83

31. *Tudo que jorrou nos papéis* 85

32. *O vínculo, em algum terreno* 86

33. *Onde a identidade, adjetivar-me* 89

Soneto do analisando entre pulsões. 90

34. *Venho disposta ao forte e ao frágil* 91

Soneto da esfinge adormecida 92

Soneto do artista analisado 93

Soneto da tecelagem. 94

Soneto da transferência e da contratransferência 95

Soneto do chiste 96

35. *Num dia, o equilíbrio* 97

Soneto do escárnio necessário 98

Soneto das mudanças cíclicas de humor. 99

36. *Neste esconde-esconde* 100

37. *Ai, dia trágico!.* 101

Soneto formal da nudez sofrida 102

38. *Uma algema no passado* 103

9

39. *Afinal o sonho erótico*. 104

Soneto do desejo no sonho e na realidade 105

40. *Ventos sopram*. 106

41. *Eu associo, você interpreta*. 107

42. *O que faço* 109

43. *Quanto da biografia*. 110

Soneto depressivo-maníaco 111

44. *Dia* 112

45. *Você me quer livro aberto* 113

Tempo Parcialmente Nublado, Passando a Límpido

Soneto da estatueta em cacos .117

Soneto da realidade eclipsada. 118

Soneto dos poemas quebrando a resistência 119

Soneto de ser mãe e filha de mim 120

46. *Missão a se espraiar* 121

Soneto da preservação reconhecida. 122

47. *Cheguei como um vulcão*. 123

Soneto da poesia a serviço da terapia 124

48. *Nebulizo o olhar* 125

Soneto da poesia enquanto terapia alternativa. 126

49. *Entremos cautelosos no campo* 127

50. *A vida fermentada* 128

51. *Vinha trafegando bem* 129

52. *Ah, como é delicada a mutação*. 131

Soneto chistoso. 132

53. *No bosque cerrado dos recalques*. 133
54. *As nuvens diluem-se*. 134
Soneto do sonho faiscando. 136
55. *Quando escuros e invernosos*. 137
56. *Rareamos as sessões* 138
57. *Nem o horizonte vedado* 139
58. *Antes da enunciação*. 140
Soneto para chocar puristas 141
Soneto dos sonhos vingativos. 142
Soneto da aventura marítima e das descobertas 143
59. *Procuro, nessa nossa liturgia*. 144
60. *Vim de um mundo colorido*. 145
Soneto do desnublar mente turva 146
Soneto do moinho se movendo 147
Soneto da depressão ao são. 148
61. *– Potro desvairado* 149
Soneto de uma sessão de alívio. 150
Soneto do comportamento desviante 151
Soneto da máquina do tempo. .152
62. *Sonhei, carnavalizei* 153
Soneto da insegurança na hora decisiva 154
63. *As águas paradas* 155

*Céu Quase Limpo com Clarões no
Horizonte*

64. *Vai chegando ao deságue*. 159
Soneto da arqueologia e dos tesouros 161

65. *Suas palavras manuseiam* 162

Soneto da rotina indo bem 163

Soneto do vislumbre do voo 164

Soneto da última sessão. 165

Soneto do processo se coroando 166

66. *Viver metáforas.* 167

Soneto da madrugada acalmada e amornada. 168

67. *Não há pupilas pretas.* 169

Soneto da comemoração do *insight* 170

68. *Um porto ainda flutua.* 171

Soneto da caminhada segura 172

Soneto da trabalhadora 173

Soneto de estreia. 174

69. *Falar do ódio que ofegava* 175

70. *Você sabe de lamas.* 176

Soneto do acampamento. 177

71. *Minhas forças? Vapores se esgarçando* 178

72. *Já me vi em cela* 179

Soneto do analisando com alta. 180

73. *Chegar do asfalto* 181

Soneto dos movimentos 182

74. *Amigo, cabe recordar* 183

Biobibliografia. 189

Apresentação

A relação entre a poesia e a psicanálise costuma aparecer sob múltiplos aspectos. O poeta ou o romancista podem ser vistos como aliados, capazes de chegar intuitivamente, sondando seu próprio inconsciente, a verdades que só com muito esforço são alcançadas pela investigação psicanalítica. A literatura, em prosa ou verso, pode também ser vista como objeto a ser interpretado, seja como via de acesso à psicologia profunda do poeta ou do ficcionista – a psicanálise do autor –, seja como grade de interpretação da própria obra – a psicanálise do texto. O que é menos comum é a transformação da própria psicanálise em poesia: não mais a psicologização da poesia, mas a poetização da psicanálise.

Conheço alguns ensaios nessa direção, feitos na perspectiva do analista. Em um dos seus mais belos poemas, a psicanalista Marialzira Perestrelo cruza o desejo do paciente com o próprio e põe em paralelo suas dúvidas e ambivalências afetivas com as do analisando. Num poema intitulado

"Vieste Sedento de Ajuda", com o subtítulo significativo "A cada paciente meu", escreve ela:

Dei-te o que querias?
Dei-me o que eu queria?
Tentavas amar-me, pedias amor.
Aceitei esse amor?
...Tu me odiaste.
...Suportei teu ódio?
Meu ódio?

Os poemas de Rita Moutinho tentam a mesma experiência, *agora na perspectiva do analisando.* Os poemas são dirigidos a seu terapeuta, que desde o início do tratamento, nos anos 1980, a encorajou a escrever novamente poesia, depois de um silêncio de sete anos. De propósito, não me informei com Rita sobre o papel exato desempenhado por esses poemas durante a análise. Sabemos que Freud se recusava a ver na sublimação, pela qual uma pulsão é desviada do seu fim imediato para uma atividade socialmente valorizada, como escrever poesia, um objetivo prioritário do trabalho terapêutico. Este deveria, pelo contrário, desenvolver no paciente a capacidade de alcançar satisfações diretas. Mas os poemas de Rita Moutinho sempre foram, desde o início, mais que meros analgésicos ou simples gratificações substitutivas. Estiveram sempre "a serviço da terapia", como ela diz num dos seus sonetos. Tudo leva a crer que foram tematizados durante as sessões, e a esse título fizeram parte do material clínico oferecido à interpretação psicanalítica.

Mas se esses poemas se esgotassem nessa função terapêutica, não teriam saído das quatro paredes de um consultório. Se eles chegaram ao público, é porque são de uma extraordinária qualidade estética. Desde que publicou *A Hora Quieta*, em 1975, até os mais recentes livros de poesias, *Sonetos dos Amores Mortos*, publicado em 2006, e *Sete Movimentos da Alma*, de 2010, Rita Moutinho tem demonstrado, ao lado de uma crescente densidade de inspiração, uma invejável mestria formal.

Psicolirismo da Terapia Cotidiana é dividido em quatro partes, correspondentes a diferentes estágios da terapia: "Tempo Nublado", "Tempo Instável", "Tempo Parcialmente Nublado, Passando a Límpido" e "Céu Quase Limpo com Clarões no Horizonte". Nessa meteorologia da alma, Rita dispara poemas como quem irradia boletins de previsão do tempo. Rita vai do primeiro estágio, em que ela está exposta a todas as tormentas, até o último, em que o sol volta a brilhar. No primeiro estágio, o pai-terapeuta é amado e odiado, como convém. Ele é amado –

Como transamos
– em inatividade –
meu terapeuta e eu!
Mas há o coito cerebral
e viajamos em carruagens
até um gozo indecente
Não é verdade,
sábio vienense?

E é odiado, porque a vê de fora, não sabe bebê-la, não distingue as diferentes uvas de que é composta –

É como abrir a adega
onde deito-me vinho
de várias uvas,
vidas videiras, safras.
Você me prova
como quem olha
de fora pra dentro
da janela.

Odeia-o, também, por sua indiferença profissional –

Bem, acabou seu tempo.
Por hoje é tudo.

No último estágio,

vai chegando ao deságue
o curso da terapia

e surge, enfim, um "clarão positivo no horizonte". No poema denominado "Soneto da Última Sessão", ela se pergunta:

Como será a última sessão?
...Como nos olharemos, companheiro
de peregrinação por minha história,
no último dia, e dia que é primeiro?

No início era a tempestade, como a enfrentada por Cordelia de braços dados com o rei Lear, seu pai, com a diferença de que, ao contrário do que ocorreu na tragédia de Shakespeare, na terapia era o rei que amparava e Cordelia que precisava de amparo. No fim do caminho, desfaz-se o trabalho da transferência. O analista não é mais nem soberano nem pai, e tudo termina bem, não com a abdicação do rei, mas com a alta da analisanda. A viajante pode agora caminhar sozinha, pois o céu se tornou límpido – ou quase.

Os poemas impressionam não somente pela beleza do fundo, mas pela perfeição técnica. Rita Moutinho conhece bem seu ofício poético, o que não surpreende, se levarmos em conta que ela orientou oficinas de poesia na Oficina Literária Afrânio Coutinho desde 1982, e deu aulas de técnicas de versificação na Estação das Letras e na Universidade de Brasília. Ela passa do verso livre dos primeiros anos ao soneto, que ela começou a cultivar mais recentemente. Explora ao máximo todas as virtualidades dessa forma, passando do soneto inglês, com os quatorze versos unidos, sem separação entre as estrofes, até um soneto próximo do petrarquiano, em decassílabos, e com quartetos e tercetos bem diferenciados. Um exemplo particularmente interessante dessa última variedade está no "Soneto da Arqueologia e dos Tesouros", em rimas toantes alternadas.

Não sei se o "psicolirismo" está fadado a ser um instrumento terapêutico tão eficaz quanto o "psicodrama" de Moreno e Lebovici, mas do ponto de vista puramente literário, é certo que o livro de Rita Moutinho anuncia algo de promissor na república das letras.

SERGIO PAULO ROUANET

Nota da Autora

Vários são os livros em prosa que falam de processos de psicanálise, contando *cases*, misturando ficção com teoria, ou, ainda, narrando fatos ligados ao tratamento psicanalítico. Neste livro de poesia, que tem o título inspirado na obra de Freud *Psicopatologia da Vida Cotidiana* e que nomeamos de *Psicolirismo da Terapia Cotidiana,* procuramos mostrar uma sucessão de momentos da psicoterapia com a linguagem simbólica característica do gênero lírico, interpretando um processo também altamente simbólico, como o psicanalítico.

O leitor perceberá que iniciei o tratamento numa extremamente cruel crise de depressão e ansiedade que exigiu um sobre-esforço de analisando e analista. Baseando-me em meu caso, divido a passagem pela terapia em quatro estágios, sugerindo uma evolução no clima psicológico. Assim, um sujeito que se define no começo como se estivesse "em cacos", acaba por chegar ao momento de caminhar sozinho, armado de defesas, com um solo construído sob seus pés e equilibrando razão e emoção. Agora há a percepção de que sou camaleoa e mortal, vulnerável e firme, quixotesca e realista, ora açúcar, ora sal, mas como mostra o livro, do tempo totalmente nublado, da alma em negrume, cheguei a uma emocionante claridade, sempre consciente de que nem sempre o céu é céu de brigadeiro.

A maioria dos poemas em versos livres foram escritos na década de 80, quando se deu o processo analítico. Outros foram reescritos a partir de textos rascunhados então, ou compostos a partir de anotações de um diário feito na época. Os sonetos, forma que tenho cultivado ultimamente, foram escritos nos anos 2000, mas remontam ao período do tratamento, procurando representar o ideário da época, sendo, portanto, resgates da memória.

Os poemas são dirigidos ao meu terapeuta que, logo no início da análise, me fez voltar a trabalhar e a escrever poesia depois de longuíssimo silêncio, mas esperam se comunicar com a sensibilidade de quem passou ou passa por experiência similar. O leitor poderá observar que, por um lado, a *persona lirica* se apresenta monologando ou dialogando com o psicanalista e, por outro lado, tenta inferir como a criatividade artística pode ajudar o analisando que, no caso, através da prática poética, tenta organizar seus conteúdos.

Resta lembrar que, propositalmente, não recorri a textos teóricos, mas sim à experiência, e não falo de pessoas ou fatos que não eu, meu analista e circunstâncias gerais presentes na análise. O eu, partindo de seu repositório particular, falará como um coro, procurando dar voz a todos que passaram pela prática psicanalítica.

Tantos anos depois, é chegada a hora de entregar ao público um livro que antes não me sentia em condições de terminar e divulgar. Eis uma vivência e uma visão da psicanálise. Com lirismo.

Psicolirismo da Terapia Cotidiana

Adentrando

I

Frente a mim,
no meu presente,
não me desvendo
e assim permito
arroubos de pensamento
e justifico, que lá dentro,
há de estar o que não penso.
Repasso, tomo, assalto
meu vivenciado
como se de longe
alcançasse a caça
de uma só laçada.
Assim não me encontro:
prendo e trago atado
o que penso origem do presente,
meu passado.

II

Este retorno ao que mantive
embrionário deve ser lento
como lentamente distendi meu órgão
e me fiz mundo interno, aquecido,
intrauterino aos fetos.
Foi a termo que tive meus filhos
e em mim gestei a certeza
de ser tudo e nada,
de ser mãe, abrigo, teto,
de ser pouco, pois que há relento
e não gerei seus mundos.

III

Esta aventura de adentrar-me
não me remete, sei,
só ao que fui, passado,
mas ao que sou, momento.
Deve haver um lento tatear-me,
pois em mim não há outra que não eu
a me querer nascer.
Não posso arrancar a fórceps
minha vida à vida
e ver a luz sem outra gestação
que não a da emoção.

E se o tato do terapeuta
me auxilia a vir ao hoje,
amparando-me a cabeça
que reabre-se em moleiras
– medos sem defesas –
a mim cumpre a tarefa
primeira e última
de gestar, parir, ser
inteira.

IV

Frente a mim,
junção dos tempos,
tensão de medos e certezas,
estou pronta para os meus relentos.
Adentrada soube não haver
confins na alma,
mas recantos protegidos,
pequenos antros,
onde o inseto
deixaria a larva,
e eu o gen
dos meus gemidos. *

* *Poema publicado originalmente no livro* A Trança, *de 1982.*

Tempo Nublado

1.

O silêncio se prolonga
tranca
se a cabeça
lança
qualquer desafio.
A noite se alonga
branca
se o olhar inerte
banca
este meu martírio.

2.

Faz tempo que não respiro ar puro,
não me destino à natureza: recuo
por aleias emparedadas,
tentando arborizar pedras.
Inspiro e sou a musa avessa
explorando avidamente
aquilo que não aflorou:
certeza.
No poema (ansiolítico)
a bula nada estipula,
o rótulo nada rotula,
as palavras são meras palavras
até que subitamente
feras.

Minha depressão não é vale entre montanhas.
Mas vinga aquilo que vale, minhas entranhas.

3.

Torrentes vedam meu olhar.
Consciente e inconsciente,
em desabrigo, muito molhados,
não se instauram sem o meu
falar.
Quantos decibéis de mágoas,
de traumas, de angústia, de faltas,
ainda fluirão da carregada nuvem
da alma que você perscruta,
medindo o grau de depressão
que há no negrume do dilúvio?
Estou dissolvida, sem capacidade de luta,
sem verbalização que organize
o medo, o desconcerto, o dúbio,
o tempo fechado, os pluviais e liquefeitos
gritos.
Sua meteorologia prevê para quando
algo sólido, uma neve, um granizo?

Soneto da Síndrome do Pânico

SINTOMATOLOGIA

O coração, turbina acelerada.
A respiração sôfrega de cio.
A vertigem de pico de escalada.

Estou no tombadilho e aqui venta
sob meus pés e dentro das artérias.
Viajo no navio noturno atenta
ao pânico, ardência das misérias.

Grande pavor da morte me fragmenta,
e eu habito saaras e sibérias,
enquanto uma agonia cruel e lenta
supõe deficiências reais e sérias.

Estabilizadores, qualquer fada,
me levem à terra firme, o mar bravio
dos meus nervos me deixa apavorada.

Futuro, nele crer, isso e mais nada,
é o que preciso agora quando o fio
de vida deve ser fio da meada.

4.

De repente espremer-me em sumo
e sorver meu suor embebido
sabendo nada.

Os lábios se afastam, falseiam,
e meia
meia palavra
não povoa este deserto
onde perto jorra a sede.

5.

Viver pela primeira vez
o sentimento calejado.
Doer, doer de novo
a dor que é passada.

Assim me pensam
quando distam tensas
ferida matriz
e dor narrada.
Nada
existe na idade
das palavras
que se aproxime
da proximidade.
Verdadeiro é o pulso acelerado
agora,
o sufoco, o justo instante
em que arfo muda e intensamente

a fragilidade.
Exijo toda sua prática
ao sinalizar angústia
e cobro caro, quero
o pronto-socorro,
seu poder de calmante
ou de solvente

para não me desfazer
em poente.

Soneto da Dúvida nas Águas

Os dois remos parecem adormecidos
na travessia lenta para a cura,
e meus lábios molhados de gemidos
pingam máculas mis. Você se acura,
leva-me a perdoar certos pecados,
trazendo lassidão à amargura.
Outros ainda me pesam represados
– não abri as comportas da censura.
As culpas, cracas fixas no meu casco,
não me deixam chegar à embocadura
da vida aquosa que, tolhida em frasco,
fez-me revolto oceano sem ondura.
    Ah, quando poderei sã navegar,
    se sou a um só tempo barco e mar?

6.

Deixo pra amanhã
o que certamente ontem
fez-se fardo.
Não está na hora
de entender chupetas
de barro,
passado,
se hoje tenho um punhal
no pulmão,
respiro mal, estou tonta
e não sei mais rezar
salve-rainha.
Preciso de você,
remédio humano.

Ainda é meio-dia.

7.

Como imprensada
entre pressa e imprecisão,
faço a devassa criando
em suspensão.
Quando venho e me vejo
miragem da própria imagem,
com a ânsia do mais sedento,
converto a sede neste imenso
medo.
Ponho o coração em disparada
e o choro me fazendo um só rompante
coloca-se sobretudo
antes
mais importante que a palavra
aquela que vedada
se junta a tantas e tantas
que ainda não dizem nada.

Soneto do Pesadelo do Manto Frustrado

Eu tentei costurar diversos panos
de texturas e cores diferentes,
mas tinha como agulhas alfinetes
e não se davam pontos, mas espantos.
"Costurei" sedas, lãs e musselinas,
quis unir algodão, chintz, cetim,
coser fustão com um fino organdi,
unir chita, tergal e casimira.
Eu queria coser um quente manto
que mandasse ao desterro dores frias
e queria ter colcha colorida
pra cobrir sonhos maus cheios de danos.
    Mas só tinha alfinete pra costura
    e ao invés de tecer, fiz atadura.

8.

Sento, acendo um cigarro,
e o descompromisso da fala
enganosamente ampara.
A fumaça paira.
Penso:
há anterioridade, interioridade
que nem o sonhado do sonho,
nem o manhado da manha,
nem o cenhado do cenho
revelaram.
Saio.
Dobro a esquina, a angústia
dispara.

Por que você me colhe verde,
descobre
o filete ingarimpado da mina
e como se eu fosse pedra
se despede?

9.

– Não consigo entender,
minha cabeça tem ramos
embaraçados de urzes,
ou melhor, minha cabeça
é um novelo
de linhas emaranhadas.

– Bem, acabou seu tempo.
Por hoje é tudo.

E eu ia dizer que as linhas tinham grude!

10.

É como abrir a adega
onde deito-me vinho
de várias uvas,
vidas videiras, safras.
Você me prova
como quem olha
de fora pra dentro
da janela.

Soneto da Urgência da Crise Presente

Hemos de visitar porões já enterrados,
as vivências alegres e as calamitosas,
eu, passarinho em ninho, e eu, potrinho bem bravo,
enfim, os acalantos e os calos de outrora.

Hemos de ver os portos do futuro, é claro,
e aprenderei a ser estável barcarola,
cônscia das más correntes, pronta a enfrentá-los,
enfrentar os oceanos com dez mil corcovas.

Porém agora, agônica, mal respirando,
com essa espada afiada rasgando o meu peito,
com a ânsia e a tristeza no primeiro plano,

quero só curativos pra chagas e prantos,
tratamento de urgência, o melhor conselheiro,
palavras sedativas que acetinem o insano.

11.

Condenam as sessões extras,
horas não *made in Viena,*
concedidas antes pela humana
antena, pelo coração esquecido
do modelo *by Freud.*
Só nós dois sabemos da sede
dramática, do piedoso
cobertor terapêutico
tecido para esquentar distúrbios
enregelados
– pasmem leitores –,
por exemplo,
numa tarde de sábado.

12.

Suas interpretações
valsam com defesas
no terreno vizinho
ao da cabeça.
Me fecho, a tranca
é sempre no avesso,
naquele recanto intradérmico,
naquela noite orgânica
onde minha verdade
– a que interessa –
lentamente existe.
Lá onde não te permito,
dentro,
onde não se encosta
nem o vento.

13.

Estou assim como um cipreste em frasco
em busca da primeira essência.

A interpretação enlouquece memórias.
Quero meu primeiro olfato!

14.

É o Arthaud, o Nietzsche,
a amiga suicida, o amor.
É o pai, a mãe, a irmã,
ele, você.
É ninguém, a poesia,
a metafísica, a estafa,
o dinheiro, a fantasia...

Eu?

Soneto de Papéis e Personagens

Ainda não é de ver a terra à vista,
pois a crise é convexa e, hoje, boio,
espumando ondas e ondas quase lisas
neste útero da mãe do verso heroico.
Os versos são fragmentos de epopeia
falsa, pois falsa heroína é a poeta,
falsa, fraca, falida, mas não cética:
crê que a maré se abaixa, mas não seca.
Miríade, você, de personagens
– pai, leitor, deus, fantasma, eu e outros tantos –
sabe contracenar com acuidade
com a náufraga que em si está boiando.
Sei que ambos manejamos o timão,
mas peço que hoje seja o capitão!

Soneto da Grande Ansiedade

Sofro de uma ansiedade muito cruel,
que abriga os nervos tensos dos minutos,
que quer linha contida em carretel
pra costurar as ânsias em redutos.
Sofro de uma ansiedade assassina,
que desaduba o chão da passiflora,
degola o caule até da camomila
e incita a brisa calma a ser nervosa.
Sofro de uma ansiedade tão doentia,
que a vida virou *thriller*, tal inquietude,
que os segundos aguardam a terapia,
via de acesso ao tempo da saúde.
Alcançar mansa paz, sosseguidão,
como a flor que supera o ser botão.

15.

– Sei que são três horas da manhã.

– Sou eu, desculpe a morte

– Estou com medo da hora
a respiração, a respiração

– Sete gotas?
Já tomei e não melhoro

– Como dizer?

– É como um sopro
sopro de vento
dentro do dentro
do meu furacão

É uma coisa úmida
salgada e seca
onda esquisita
que me ri e ronda

– Desculpe se te acordei

– Sim, melhorei.

16.

Depois da sessão,
da ranhura na chaga
aberta,
de descobrir, no sonho,
ser eu o liquidificador
que triturava estrelas,
resta-me um sabre e um haraquiri?

A consciência sente sonolência.
Não quero morrer, só dormir.

Soneto da Verve Encobrindo a Crise

Que respostas explicam ossos moles,
que mistérios escondem mãos com luvas,
que remédios anulam a dor de choques,
que vitórias precedem a hora da luta?

Que arrumação perfuma uma desordem,
que soluções dissolvem a loucura,
que decretos detêm a mão que bole,
que mágica viaja um pombo à Lua?

Que saudade conduz a estreia à volta,
que alegria é mais rubra que a proibida,
que limite refreia o pé na borda?

Que lucidez desfralda a poesia,
que ansiedade o papel escrito embrulha,
que olhos meus podem ler a alma às escuras?

17.

Ah, se eu pudesse,
lavando o rosto,
extinguir rugas em cruz
fixadas na pele.

Ah, se eu pudesse,
lavando o corpo,
livrar-me dos desejos
pousados na libido.

Ah, se eu pudesse,
lavando as mãos,
sumir com as unhas agudas
cravadas no equilíbrio.

Ah, se eu pudesse,
lavando a alma,

eliminar piches pegajosos
chicleteados nos traumas.

Se eu pudesse,
não estaria ruminando,
como os bois que não tomam banho.

18.

Minha língua de cobra
pica com humor
o ar pesado.
O doutor diz ser
bem-vindo o veneno
no corpo do pesadelo.
O bote sarcástico
no discurso mórbido
é fruto de dote
e ameniza
esganadores
nós górdios.

Em tempos nublados
são arcos-íris
a piada, a ironia.

Soneto da Lembrança Encobridora

Reconstruo a lembrança ficcionando,
porque a verdade dói como fratura,
e quanto mais exposta vou ficando,
mais o real se faz literatura.

Pois vire-se, doutor, me decifrando,
vendo em pêssegos a alma sob tortura,
em cactos descritos adivinhando
fatos de paz contados em urdidura.

Quanto mais dura a dor maior a imagem
que teço e engendro pra representá-la.
Há que pôr a sua mente em uma viagem

quando muito perdida a minha fala
contar-me num enredo metafórico,
banhado por meu pranto tão retórico.

19.

Sob minhas pálpebras fechadas,
voam bem-te-vis
procurando néctar.

E você aproveita para dormir
quando estou no umbral da pétala?

20.

Espelho, espelho meu,
fique opaco
nesta hora crepuscular,
ou me reflete
Vênus barbada,
madona míope.
Não quero resplender
para nenhum olhar com desejo.

Espelho, espelho meu,
vire vírgula até o fim do meu pausar.
Reproduza a ostra sem a pérola,
meus ouros sem polimento,
a copa da buganvília sem primavera.
Preciso descansar de amar.

21.

Peremptoriamente,
Freud rezou sobre a abstinência.

Penso que sabia e foi omisso,
como gaze que cobre o juízo,
sobre a teoria que emito:
a constância da relação analítica
e a intimidade de organza das sessões
criam genitálias imperiais na cabeça.

Como transamos
– em inatividade –
meu terapeuta e eu!
Mas há o coito cerebral
e viajamos em carruagens
até um gozo indecente.
Não é verdade,
sábio vienense?

Soneto do Início da Análise

Era uma vez o olhar pela vidraça
em um dia nublado e deprimido.
No interior padecia uma alma baça
e o corpo se curvava sem sentido.
O olhar pra fora fez-se para dentro,
transformou-se em sondar minhas entranhas.
Não havia eixo firme no meu centro
que me desse equilíbrio e senti sanhas.
Também senti um medo e uma tristeza
que me indicaram a rota de sua porta.
Entrei no consultório toda presa,
mas devagar você abriu comporta.
 Jorraram então dos meus compartimentos
 ondas e ondas suadas de tormentos.

Soneto do Não Querer Morrer

Minhas asas estão atrofiadas,
no meu céu são opacas as estrelas,
mas todas as desgraças, vou prendê-las,
para as horas não serem tão coitadas.
Sofro por ânsia avessa, ânsia madrasta,
peno eu e os que me veem deprimida,
porém a antiga rocha ora erodida
nunca mais, tal qual hoje, se desgasta.
Ave doente, sem céu iluminado,
dou diminutos passos, meio lentos.
Existe o véu da crise, mas há alentos,
que não fazem o futuro malogrado.
Pra azul destino quero um passaporte.
A ave quer voar, não quer a morte!

Soneto Grato à Mitologia

Um deus me fala com sua voz bem cálida:
"Amanhã serão céleres as horas
que têm sido alongadas e morosas,
pois a sofreguidão deixa a trilha ávida."
Outro deus me revela que não tarda
a diminuição do sofrimento
trazido pelas dúvidas e medos.
Diz: "São entraves cruéis que te maltratam."
Um terceiro deus me fala carinhoso:
"Solucionando as dores mais bandidas,
com teu empenho e a sábia terapia,
logo estarás viçosa e o que é caos, morto."
    Volto da Grécia antiga mais inteira.
    Parece mais fechada a moleira.

Soneto do Dar Tempo ao Tempo

Trouxe um som bem agudo de violino,
um só papel de arroz sem minha escrita,
uma fumaça cinza de desdita,
um som mudo de um sem badalo sino.
Trouxe algodão compacto de emoções
pra desfiarmos e brasas muito quentes
de cristais, que ainda meio inconscientes,
clamam por sensitivas construções.
Trouxe uma borboleta com asas rotas,
uma avenca com sua haste frágil e fina,
a ânsia de que, consciente, se defina,
a sutileza da alma vindo em gotas.
    Deixar o tempo em nuvens repousando
    sem o ser ou não ser do "até quando?".

Tempo Instável

Soneto das Viagens ao Passado

Os fios do passado, urdidas teias,
emaranham o presente e desfibramos
filamentos de traumas e as cadeias
que nascem nas cavernas que exploramos.

Sem pressa, como a nuvem que vagueia
sobre densa atmosfera, passeamos
como quem perambula por aldeias
ou quem descansa a sesta sob ramos.

É assim lento o ingresso no passado:
passadas longas não afilam histórias
que no presente são um nó blindado.

Desfiar morosamente o outro lado
– tecidos de alegrias e vitórias –,
talvez acenda um sol em meu estado.

22.

Sonhei e trago à depuração
minhas transparências.
Fica mais atento o seu sentido animal,
o faro,
e enquanto falo em tom ficcional,
as cenas remontam ou apontam
ao que me falha.
Olhe, as almofadas viram feno, palha,
as paredes manchadas recebem súbita demão.

Há que fazer outro cenário,
outra expressão de face,
que difícil é ser o que não sei,
contrário.

23.

Intervalo entre o que sinto
e pressinto.
Suspendo o ar
(parênteses no tempo)
deixo estar
    planta que madura o fruto
    uma que loucura o múltiplo
feto-me em meu próprio útero.

Seus olhos adormecem pequenos sonos,
piscam o longe-perto
da procura.
Silêncios, prolongamentos,
são objetos observados
no museu do tratamento.

No intervalo retomamos
o jogo da memória,

traços, liames
deste desafio, desatino,
ter história.

24.

A favor está o que retardo:
preciso moída, triturada,
visitada (com cerimônia)
a vida.

Olheiras guiam ao fundo,
o dentro rasga-se por engasgos.
Fora revisto-me de aparas,
aguda e grave contam-me, dividem,
aparência e fala.

Saber-se inteira
é um saber que tolhe.

Psicanálise.
Saborear-me,
gole a gole.

25.

Há carícias de alegrias,
mas prevalece,
no ar que respiro,
uma poeira desolada,
uma inflorescência sem odor.
Há beijos de satisfação,
mas prevalece,
no dia que vivo,
uma nuvem acinzentada,
uma fada sem auspícios.

Apressem-se grãos da ampulheta!
Que o tempo se avie
e gire a roleta, aponte
para os vermelhos positivos
que, no meio do escuro,
vivo!
Que as pétalas subjuguem
os dolorosos espinhos!

Soneto das Noites em Claro Escuro

Valeu a pena? Tudo vale a pena
Se a alma não é pequena.

FERNANDO PESSOA

À noite, sem dormir, mamando estrelas,
aterrada por vultos maus do medo,
regredida com manhas, sem retê-las,
me desfazendo em choro em meu degredo
no porão sem luz que há dentro de mim;
à noite, criança-adulta sem brinquedo,
com o relógio parado, horas sem fim,
eu regurgito o caos meu mais azedo;
à noite, com a libido adormecida,
com as pulsões presas dentro de um rochedo,
tenho ânsias de pedir uma guarida
ao meu anjo da guarda que anda quedo.
....
Afinal peço, a noite se serena,
e a alma crê, se engrandece e vale a pena.

26.

(Última Homenagem a uma Casa de Vila)

Fora, torrencia a tempestade,
passos se alongam, busca-se refúgio,
cada um quer sua concha.
Dentro, a goteira referencia a calma,
o ritmo peneirado e a freada.
Entre, nem clausura nem espaço desmedido,
a despedida serena me comove,
porque simplesmente
chove.

27.

casa

Na vila me projetava do solo
estalagmite,
rica de matizes e de prismas;
sentava no colo do chão,
almofadas me cobriam de afeto.
Nosso encontro, mais em antro,
dilatava, conduzia
ao térmico do intramuros.
Quatro paredes (segredos)
eram reveladores espelhos.
Uma janela de cela,
em ângulo reto com o teto,
libertava sutilmente meus escuros.

arranha-céu

O elevador me anda
ao nono andar.

Imposta ao Sol ou à Lua,
pela exposição da parede de blindex,
parece mais objetiva uma vida
que ainda pisa em pântanos abstratos
e fica mais difícil ser,
ao sabor, a noite ou o dia,

como era na vila.

28.

Meus olhos não choram,
até ousei pintá-los.
Mas o medo
ainda tem hora.

Melhorei? Não sei
nem você sabe.
Verdade? É preciso
acreditar na melhora?
O que falta neste percurso,
acaso a caminhada do outro?
A caminhada para dentro?
A caminhada pela seta do futuro?
Um arco-íris e um pote de ouro?

Minhas certezas se evaporam,
e as perguntas são rarefeitas como gases.
Suas respostas?
São miragens, não oásis.

Soneto do Desvincular na Baixa Temporada

Duvido da eficácia desta análise.
Não melhoro e a rotina não tem asas
para elevar em brinde nossos cálices:
dentro deles só há águas paradas.
Você discorda, mas eu peço um tempo
para pensar, sentir, sentir, pensar
se no meu íntimo há passos ou ventos,
se no baralho existe a carta ás
que inicie sequência, novo jogo,
que me mova pra além dos meus limites.
Ah, quero perscrutar-me, não um outro
a olhar pachorrento a minha crise.
 (Meu anjo mocho, eterna companhia,
 ri: "Tu voltarás *gauche* à terapia!")

Soneto que Reitera o Pedir um Tempo

Parece que o trem não sai da estação,
não apita o navio preso ao cais.
Aviões? Só uma carroça sem tração
me conduz solfejando muitos ais.
Parece que está longe o nono mês,
que o outono não produz polpa na fruta.
A análise, com sono e flacidez,
parece uma empreitada sem labuta.
Você tenta pintar cenas bucólicas
(só falta me fazer sentir pastora!)
e, provocando em mim cruentas cólicas,
diz-me: "Querida, estás na incubadora."
    Quero um tempo, avaliar a terapia
    sem apartes de vossa senhoria.

29.

Impaciente, aflita
com a hemorragia
de minhas alegrias,
me distancio da análise.
Dúvidas se inscrevem
no presente,
e preciso viajar sozinha.

Viagem interna,
levando a alma
como lanterna.

30.

Foi necessária a abstinência
de consultório.

Ausente, fui escrever-me em madrugadas vadias, questionando o despojado dos seus pés eventualmente descalços (metáfora do zero), amando traços no viés da cortina da noite, no mais escuro ousando atirar flechas envenenadas de ódios. Palavras faziam graça na dor dos enunciados, ironias dessoravam sais do inconsciente, e eu ziguezagueava, eterna farsa de fugir de mim e de minha sombra que me duplicava. Meu escritório, as madrugadas prolongadas em horas, acolhia a dúvida, a dependência, a liberdade. Era eu comigo escrevendo caudalosa, indo espraiar-me em margens que nossos corpos não alcançavam.

Presente,
feita a madrugada preenchida,

feita a devassa,
deposito em suas mãos
outra confiança,
eus, tantos papéis,
poemas com confidências
e reticências,
um éter de palavras,
as impurezas da jaça.

31.

Tudo que jorrou nos papéis,
enquanto ausente,
segue envelopado numa prateleira,
misturado a algarismos de contas,
a palavras lavradas em livros,
a transcritos sonhos alheios.
Minha verdade, em literatura,
cumpre o resguardo
que deve se seguir ao parto.

Até quando renegar a cria?
Por que não batizo a palavra pagã
com a minha fala?

32.

I.

O vínculo, em algum terreno,
mora como mineral?
Nas águas corais se coroam
na formação de um atol?
    Retomamos pela crença na aliança,
    pela desconfiança de um lapso.
Haverá propriedades que exprimam
a existência de um círculo?
Qualidades que definam
a nós como meros arcos?

II.

Perguntaremos os restos
à aresta de brilho vítreo,
ao raio de brilho metálico,

ao mistério do opaco.
Existirá o elo ou retas linhas?
Um caminho, simples alumínio?
Uma liga, como um resultado aço?
Laboraremos do talco ao diamante
com a tenacidade do ferro
e seremos, ante os símbolos,
com todos os dotes do ouro.
Distenderemos os músculos
qual amianto flexível;
estiraremos memórias
como platina dúctil.
Romperemos ossos, se preciso,
e cada um no seu ofício,
conformará a ruptura
pelo gesso, plástico,
pelo grafite, gráfico.

III.

Aqui estaremos, sondas,
equipados de sentidos.
Agora leremos sombras,
movidos por outras linguagens.
Adentraremos cavernas
como Platão ou primatas?
Escavaremos planícies

como arqueólogos ou águas?
Como explorar o espaço?
A bordo de asas ou cápsulas?
Descobriremos que nome,
ao mar, como arpoadores?

IV.

O vínculo que tipo tem?
O lapso escondeu-nos quem?
Existirá o elo? Retas linhas?
Há respostas:
o berilo, quando verde, é esmeralda,
quando azul, água-marinha.

33.

Onde a identidade, adjetivar-me,
quando a hora, a aura,
me desfazem ocaso, aurora?
Longe, vaga, ao largo,
lacustre, labareda, lama,
nos primórdios de mim
a natureza funda
um fim.
Recreio livre recriar-me
em intenções de *habitat*.
Nada de animal me habita e
jorro e vento e broto
pó, poeira.
Aqui, agora, ocaso, aurora,
as perguntas planam:
Quem sou?
Que penso?
Revelo nítida, focada, a imagem:
o ovo voou.

Soneto do Analisando Entre Pulsões

Um impulso voltado para o ardor da vida,
um impulso voltado para a dor da morte.
Onde, fiel da balança, está a perseguida
paz e a estabilidade anunciando um norte?

De fria, vou passando de morna a aquecida.
De fraca, aos poucos rumo a ter muros de forte.
Você pacientemente dá asas e guarida,
abre cofres, fornece chaves e suporte.

Peregrina transito entre polaridades
com embornais de emoções, cantis de razões
para o caso de fome e sede – ansiedades.

Carrego nas palavras ecos das pulsões,
energizo no poema minhas dualidades,
morro e renasço dona de dois corações.

34.

Venho disposta ao forte e ao frágil,
extremar-me firme e também volátil.
Chego tão vida quanto morte,
me faço aqui, como exilada.
Articulo a fala, me defino muda
e penso, nas raias da filosofia:
    somos dois multiplicados ao nunca.

E tanto que nos adjetiva entre os extremos?
E o não terapeuta e terapanda que também somos?
E o meio-termo que finge não ter peso nesta grande busca?

Os nuncas não se inserem nas horas marcadas.

Técnica, postura, tempo: freios freiam e freiam.
No pré-minuto de todos os fins,
aniquilada ou não, ergo-me sempre vertical,
impelida pela fala modulada
que diariamente escuto,
    porque sempre, *por hoje é tudo.*

Soneto da Esfinge Adormecida

Não consigo pontuar boa melhora.
Parece que não saio do lugar,
que você não consegue impulsionar
meus atos positivos até a aurora.
Questiono seu valor, a sapiência.
E da psicanálise o que penso?
Estando entorpecido o meu bom senso
ficam as ânsias brigando com a paciência!
Você me pede calma, eu me irrito,
diz que a esteira precisa se deter
quando algo sério quer de mim nascer,
quando vou deflorar difícil mito.
Dou o suíte, me atrevo, deixo estar?
Quando vou a esfinge despertar?

Soneto do Artista Analisado

Por que razão todos os que foram homens de exceção, no que concerne à filosofia, à ciência do Estado, à poesia ou às artes, são manifestamente melancólicos e alguns a ponto de serem tomados por males dos quais a bile negra é a origem, como contam, entre os relatos relativos aos heróis, os que são consagrados a Hércules?

ARISTÓTELES (*O homem de gênio e a melancolia*, O problema XXX, I)

A bile negra me consome aos poucos.
Helênica e antiga aceito a sangria
do que tenho dos poetas e dos loucos:
esta nefasta e vil melancolia.

Pontuando, você aplica ventosas,
revulsiona o tecido do psíquico,
rarefazendo aragens dolorosas
que são matéria-prima do ser lírico.

Será que conduzir a mente à cura
não extirpa algo da alma que é artístico,
transformando a palavra numa alvura?

Será melhor deixar sem a captura
a bile negra, signo mal mas místico?
Devolva-me, doutor, minha loucura!

Soneto da Tecelagem

É quase sempre fora da consulta
que o coração dispara como um dínamo
e elétrica eu enfrento, só, a luta
com neurônios, algozes demoníacos.
No cérebro há fios enredados
que me deixam perdida, sem recursos
de, no mais humilde artesanato,
tecê-los com um tear ágil e arguto.
Ora ecoa em mim sua fala serena,
e consigo fiar certa harmonia;
ora apelo – onde esteja – e, ansiosa e tensa,
peço uma tecelagem na rotina.
De uma forma ou doutra, em horas absurdas,
você, remédio humano, sempre ajuda.

Soneto da Transferência e da Contratransferência

Ah, como é doloroso e também belo
este amor terapêutico que é pavio,
que alicerça, concreto, vínculo e ecos,
que a um só tempo existe e é também mito.

Já nasce morto, mas com o ardor de um efebo,
vive em chamas, em chagas, vive vivo,
apto a procriar, mas só nos cérebros,
um filho que será o meu caminho.

Nos transferimos, cada dia um pouco,
luzes e sombras, nossos céus e terras,
enrodilhados quais elos barrocos.

Ah, como é falso, como é precioso ouro
este amor terapêutico, chancela
do real encadear e da quimera!

Soneto do Chiste

No meio do mais sólido nevoeiro,
de queixas, de silêncios para prantos,
de um amor dirigido aos seus encantos
e de ódio repentino ao tom certeiro
que machuca meus brios, realça pechas,
comentários que faço seriamente,
verdade verdadeira e a que mente,
disparo eu chistes como finas flechas.
A intenção é ferir o antagonista,
aquele sabichão que me desmonta.
Ele ri da pilhéria, mas aponta
como é bem-vindo o chiste pro analista.
     É saboroso o humor do paciente,
     ou o que vale é assaltar-me o inconsciente?

35.

Num dia, o equilíbrio.
Principalmente, na suave brisa,
entre nós voam passarinhos,
a pomba da harmonia,
há uma sessão
                    apolínea.

Noutro dia, choro e você alfineta.
Grito, você goza,
duelamos como gaviões
e de repente rimos e vou
da dor ao dane-se
                    dionisíaca.

Nenhuma orgia,
no sex, no drugs, no rock'n'roll.
Duas rochas sem atrito físico
fazem a tocha
da divina relação
                    psicanalítica.

Soneto do Escárnio Necessário

Como duna me movo de um estado para outro,
com a alma alternando o meu muito maleável espírito,
este camaleão que ora é de merda, ora de ouro,
que chora diluviano e também gera o riso.
Você diz que é o meu senso de humor que me salva,
pois, ria, doutor, trágico provoca o cômico.
Às vezes bocagiana, às vezes só safada,
faço do mais dramático exercício ôntico
um coito entre a mazela e a língua apimentada.
Quando estou engraçada, não cobre a consulta.
Antes pague um cachê pelas dores glosadas
já que sou paranoica, porém não sou burra.
 E um cachê de um palmo e meio, senão, em fúria,
 movo-me duna para o estado da lamúria!

Soneto das Mudanças Cíclicas de Humor

A cada dia um rol de meus sintomas
rola daqui até os seus registros.
Antes da láurea, da alta, de diplomas,
eu transformo em sachê dados sinistros.
Aguente, amigo, o fardo, a doída carga,
minhas mudanças cíclicas de humor.
As idiossincrasias trazem à larga,
eu planta morta, eu botão de flor.
Um dia pio, alegre passarinho,
no outro grunho, feroz, irada fera;
num dia só há pedras no caminho,
noutro cheira à fragrância a atmosfera.
    Esqueça o patológico. A alternância
    contém muito mais ginga que a constância.

36.

Neste esconde-esconde
estou aqui e longe.

Você troca de óculos.
Aros de fineza igual,
graus diversos de lente
me adequam.

Quem não é bifocal?

37.

Ai, dia trágico!
Pisar solos ou águas?
Calos, a mais nova pele?

Responda, tapete mágico!

Soneto Formal da Nudez Sofrida

Tu me despes agora de um segredo.
Meu olhar se esgazeia, me arrepio,
como sempre acontece, tarde ou cedo,
quando, mais nua, mais eu sinto frio.
Na análise sucedem-se os *stripteases*
das vestimentas várias que tem a alma.
É preciso que tu sempre analises
com pudor nos dois olhos pra que, calma,
nestes tempos instáveis, dolorosos,
possa eu trazer-te todos os meus chacras,
todos os corpos que num só, ansiosos,
são quadros do que foram vias-sacras.
    A visibilidade me embaraça.
    Assim, manter um tule na vidraça.

38.

Uma algema no passado,
uma cantilena no presente,
um dilema no futuro.

Eu, uma rolinha de asas frágeis,
que perde penas na chuvarada,
abre o bico pra beber orvalho;
eu, uma avezinha em voo
entre as três instâncias do tempo
pousada no dorso do vento.

39.

Afinal o sonho erótico.

Parque de diversões,
você e eu numa gangorra,
corpos embaixo e em cima
sem se tocarem.
Mas os impulsos não são à toa,
Há uma assertiva útil e fina:

terapeutas são cinza.

Soneto do Desejo no Sonho e na Realidade

Vejo mal, através da vidraça trincada,
em tempo de chuvosa e fosca atualidade,
fugidia figura toda encapuzada,
que tem pés de serpente e pecabilidade.

Há maçã escarlate rolando quadrada
atrás dos passos ágeis daquela deidade.
Incontida transpasso a janela, Eva alada,
quero a figura, a fruta, amplo tesão me invade.

Na interpretação tiro o capuz, e você
e o desejo difícil ficam transparentes,
mas um muro se ergue entre mim e um *négligé*.

Consciente o corpo esconde as atrações ardentes;
porque sabe o interdito, a visão fica cega.
Só o sonho é que enxerga o amor que o olho nega.

40.

Ventos sopram
em proa e popa.
O corpo amplo, caravela,
dia tormenta, dia calmaria,
não me leva.
A cabeça, nos bastidores do texto,
faz os mares, faz os ópios.
Sua voz constela, me contesta,
grita o rumo mundo, indica
o caminho terra.
Em tábula rasa
dou voltas na história.
Você me fala:
        o mar é morto, a papoula séria.
A cabeça nos bastidores do texto
ainda quer o corpo anônimo,
o mar só mar, o ópio ópio.
Forço o poema: nele nascem nomes.

Talvez me chamem.

41.

Eu associo, você interpreta
a boneca caolha
sentada no horizonte,
o calendário com ícones,
a cicatriz em x num lírio,
o fantasma da banana
dando susto no piquenique,
a árvore que dava sorrisos,
a ave andando com botas,
gatos piando, poemas pingando
gotas de chocolate,
uma nuvem chovendo purpurina,
um travesseiro estelar de *marshmallow*,
um sol arrotando, um mil nos zeros,
uma baba na beldade
um grampeador costurando
miríade de imagens.

Eu associo, você interpreta,
e meus desejos vão se desenhando,

as faltas se construindo
na latência do sonho,
esse pergaminho em que me escrevo,
dentro da mente adormecida,
com meu olho que vive no inconsciente,
vendo onde me precipito
onde me principio.

42.

O que faço
com este ramalhete de viços
que murcharam ou adoeceram?

O que faço
com esta cabeleira de sonhos
agora tão tosquiada?

Você até responde a contento:
– Tudo resta em seus compartimentos fechados.
   E a memória recuperará o perdido
      quando voltarem a voar os ventos.

Que vontade de pôr a mão no futuro
e, sadia, tomar posse da ventania!

43.

Quanto da biografia,
da personalidade sua,
da postura que usa;
quantas das suas crenças ígneas
e frustrações nevadas;
quanto do teor do seu dia,
quantas idiossincrasias
nadam nas palavras
interpretativas?
Tenho que pescar,
no que me fala,
alguma baba da água?

Soneto Depressivo-maníaco

Essa entidade tempo para o deprimido,
parece não conter a via do futuro.
Apesar do olhar com águas tristes, reprimido,
apesar do vigor ser um osso seco e duro,
do passeio sem pernas pelas avenidas,
apesar de cozido o músculo do riso
e guardadas no armário as vestes coloridas,
estou com depressão, mas penso em paraíso.
A positividade maníaca diz
que na minha entidade tempo há uma aurora,
o nascer do convívio com o mundo feliz,
aleluias pra traços nefastos do agora.
Viver dificuldades, mas não ser niilista.
Dar manias sadias sempre ao analista.

44.

Dia:
aqui estar para a ordenha.

Noite:
sonhá-lo saca-rolha.

Tempo:
nata e borra.

45.

Você me quer livro aberto,
porém falta gume à espátula
para páginas não guilhotinadas
na gráfica madrasta.
Mas vamos lá!
Que parte do enredo,
da história escrita na memória,
lemos hoje?
O capítulo das gaiolas,
o das joias, o dos troncos ocos?
O capítulo das fábulas,
o dos assombros, o dos gozos?
O capítulo dos dédalos,
o dos sonhos, o dos ovos de ouro?

Virar páginas
nem sempre é fácil.
Às vezes doem
os lábios dos papéis.

Tempo Parcialmente Nublado,
Passando a Límpido

Soneto da Estatueta em Cacos

Sem pendor para o riso, com alegrias magras,
sento-me taciturna, lágrimas espumam
e meu falar atônito procura calma
em sua pose imóvel e em sua neutra escuta.

Com as centelhas no exílio, sou presença opaca,
mas você vê translúcido e sei que captura
raios que narram causas dessas imoladas
personagens que habitam raias da loucura.

Tantos desejos mortos, perdas de realezas,
tantas crateras na alma e sonhos malogrados
transformaram em escrava da sombra a cabeça.

Mas ao tomar nas mãos a mim, uma estatueta
em cacos, sei que aos poucos me devolve os braços,
os pés e os movimentos. Voltarei à cena!

Soneto da Realidade Eclipsada

Sem ser ciclope, vejo com um olho apenas.
A realidade está eclipsada,
uma sombra me mostra meias cenas,
meias verdades, pouca luz na estrada.
Fechadas estão as lentes panorâmicas,
enxergo só a penugem das memórias,
as lembranças mais vítreas e dinâmicas
que reluzem na sombra de histórias.
Que a face apagada que há nos astros
ensaie uma piscada, relampeje
e abra o outro olho e deixe rastros
de luz pra que a visão total se enseje.
    Os tons dos fatos, inda esmaecidos,
    ganharão tônus quando esclarecidos.

Soneto dos Poemas Quebrando a Resistência

Burilando a palavra nos poemas,
diminuo a nociva resistência
que a fala ora enrustida, rara e seca
traz às sessões tão pobres de colheitas.
Você tenta incitar o inconsciente,
rever a porcelana agora em cacos,
soltar todo um cardume preso em rede,
dar voz à fala muda que resguardo.
Deixe hoje o inconsciente sossegado
no tempo tão carrasco da consulta.
Hoje só sai de mim pio de rato,
ou a voz do gozo falso de uma puta.
    Mas, nos braços da noite, livre poeta,
    abro a boca da mente mais secreta.

Soneto de Ser Mãe e Filha de Mim

Queria eu amamentar uma esperança,
podada a flor, minada a estrada de ida,
roto o ovo, mal chocada a gema-vida,
agora mãe de mim, uma criança.
Queria lactância nos meus seios,
para a cria sorver forte energia
que faça diluir essa agonia
da adulta regredida por bloqueios.
Que o aleitamento seja consistente,
que a infante logo, logo amadureça,
que meu duplo existir desapareça,
que seja um grande lago o rio e o afluente!
(Dito tudo, o soneto fica mudo.)

46.

Missão a se espraiar
durante anos.

Iluminar o lado escuro
da penumbra
e se fazer radar
até que me descubra.

Soneto da Preservação Reconhecida

Você me veda a boca dos abismos
quando o meu dia a dia, em precipício,
só vê uma tênue tocha no destino
e a temperança pena num exílio.

Depressão e ansiedade, nós malditos,
que ainda me atam às cruzes do delírio,
exigem sua paciência, fiar fino,
no nosso longo e cúmplice convívio.

As bocas dos abismos que me veda
não me engolem e vou, dura na queda,
lidando com os choros e os sorrisos,

não propriamente azul em paraísos,
mas com todos os tons que tem a vida,
colorindo a palavra agradecida.

47.

Cheguei como um vulcão
regurgitando magma.
Aviltada por fatos
não peneirei areias,
não temperei as águas.
A têmpera era rubra,
a emoção cromática,
o verbo verborrágico,
o choro torrencial,
os gestos eram dramáticos.

Fizemos o desenho
de bucólico córrego.

Saí daí pedrinha
pronta pra ressonar
numa paz ribeirinha.

Soneto da Poesia a Serviço da Terapia

O que sublimo dando voo à poesia
nesse céu tão nublado sobre as horas?
De que anseios suplico uma anistia,
sendo as palavras como passifloras?

Você me diz "escreve" todo dia,
que as músicas da dor são tão canoras,
que as sujeiras dos traumas assepsia
sofrem na criação, e vêm melhoras.

Realmente os *insights* são instigados
pelos mergulhos cáusticos, poéticos,
que resgatam meu fundo em enunciados.

Os poemas acalmam ou são proféticos,
lavam ou surpreendem a alma quando criados.
Ei-los, a um tempo, deuses e miméticos.

48.

Nebulizo o olhar:
nem a liquidez
nem a seca imagem da verdade.
O hipnótico organiza-me
em sono catártico:
fragmentos de memórias e desejos
sonham oásis na outra margem.

Soneto da Poesia Enquanto Terapia Alternativa

Eu lavo as veias com água e após transfiro
o sangue da ansiedade às palavras;
lavo com branqueador os véus vampiros
e saneio o azinhavre que existe na alma.

Poesia derreto nos papiros
e assim me liquefaço e as palavras
pápricas e pimentas eu expiro,
deixando insossas as ânsias que vão na alma.

Poeta, descongelo neves-ritos
– vivências dolorosas e oclusivas –
e evaporo convictos os meus ditos.

Nos poréns posso ter as assertivas,
entrelinhas respiram ais negritos.
Poesia é terapia alternativa.

49.

Entremos cautelosos no campo
minado:
nem todo foco de trauma
se abre como poro.
Há o que reter, o que suar,
enquanto minha guerra
tem lugar.
Piso cautelosamente no terreno,
tremo por saber-me sonda
entre bombas.

Mas já tenho frutas doces
a degustar
e o gosto de repousar em trincheiras,
sabendo que sobre mim,
dorme iluminada lua cheia.

50.

A vida fermentada
diariamente
não se expande,
tende ao conciso destino
das certezas.
Ontem ouvi sua voz,
hoje, amanhã, estarei atenta.
Haverá frio ou mimo?
Sei que há treino no seu tato,
chaves no que falo
e teimo
pela via do desespero,
quando suspeito estarem paralelas
suas frases de efeito positivo
e a transmutação do meu choro
em riso.

51.

Vinha trafegando bem,
mas saí do trilho, descarrilhei.
Você pontuou o fato
incisivo, sagaz no faro.
Minha língua estalou as palavras
que não queria dizer.
Maldito ou sábio
não dou a você
um dobrão a mais,
ladino ser que rouba
floreios da minha ficção
e depois me deixa na saliva
menos que a mínima lírica,
o apito morno da locomotiva.
Ela levava à estação errada
minha palavra equivocada
(a possível),
fazendo viajar de mim

um trauma guardado por chaves
simbólicas.
Iludida construí
um trilho paralelo
para caminharem lado a lado
sim e não,
verdade crua e ornato.
Mas você deu o bote
na serpenteada fala,
na minha língua bipartida.

Não há a paga
de um dobrão a mais pela proeza,
mas um dia direi "muito obrigada"
aos pontos dados pós palavras.

52.

Ah, como é delicada a mutação,
delicada como as cores do arco-íris,
rebento da luxúria que acontece
entre raios de sol, pingos de chuva;
delicada como o sentir arqueado
entre sins abertos e nãos convexos!

Ah, como é delicada a mutação,
aquela que esvoaça como gaze,
ou a que exige doídos pés nas brasas!
Cada uma é delicada, é desafio,
de transpor o finito e também dar
novo *habitat* aprazível ao espírito.

Soneto Chistoso

"Meus olhos cantam triste cantilena,
e a boca chora lágrima carmim."
Cheios de tédio chistes entram em cena,
e o pomposo parnaso se dá fim.
As palavras jocosas fazem auê
no discurso linear e lamuriento,
fazer graça me salva, diz você,
e eu chacoteio firme o meu lamento.
Rimos. A flor do Lácio se abre e cora
quando a língua ferina faz humor.
Pierrô e colombina, nessa boa hora,
de riso matam até a própria dor.
    E eu, lírico *clown*, cato – com os demônios! –,
    os piolhos que infestam meus neurônios!

53.

No bosque cerrado dos recalques
entrei mastigando porcelana,
com medo, com muito medo.
De repente, a clareira,
eu sem minha onipresente
sentinela,
eu mastigando pétalas,
a pele da primavera.

54.

As nuvens diluem-se
como o açúcar no leite morno,
e meus trigais viçosos
são pistas de pouso
a gaivotas alvissareiras.
A primavera se anuncia
nos jardins internos;
gesto um ramo de flores
que brotará do meu ventre
como os meus amores.
O tempo parcialmente nublado
tem, na atmosfera, cinzas
de segmentos queimados,
lixos de mim que eram daninhos,
verdadeiras estricninas.

Com um rosto bonachão,
no horizonte se levanta

o tempo límpido.
Elevo aos deuses do clima
um cálice. No vinho,
o buquê do equilíbrio.

Soneto do Sonho Faiscando

Das cenas real-fantásticas de ontem à noite,
quando a mente sem rédeas me enredava
nas asas de um moinho, muito foi-se,
diluiu-se no real que há na alvorada.
Trago apenas faíscas dos meus sonhos,
o que restou nos olhos pós-despertos.
No detrás da memória do meu sono,
cedros encobrem os danos mais internos.
Traumas não restarão em eclipse eterno,
se as fagulhas puserem o omisso em xeque.
A faísca é o indício que lhe entrego,
a aura do fato, o âmago do *flash*.
    Tomemos os meus sonhos como estrelas.
    As faces ocultas? Vamos acendê-las.

55.

Quando escuros e invernosos
meus lugares frios,
eu fazia nevar a sua escuta
e permitia-me.

Ou ao contrário,
você me aclimatava e eu não percebia?

Na rica descoberta da ludicidade,
os trunfos se revelam ainda
nubladamente misteriosos,
os símbolos charmam por simbólicos.
Pequenos poros na pele do poema
já revelam
ossos.

56.

Rareamos as sessões
e ao céu nublado sucedem
alguns céus de brigadeiro.
Você fica menos útil,
não menos importante.
A cotação de seus dotes,
os pavios acendidos
incharam um cofre-forte
que guarda conchas de amor
nessa hora emergente.
Nela novas realidades
vão se diplomando.

Não deixo valores em espólio,
mas minha sombra do meu tamanho.

57.

Nem o horizonte vedado
na floresta cerrada,
nem a festa eufórica
na clareira aberta.

Nessa vontade de não ser
oito ou oitocentos
sofro,
com o fio do equilíbrio
ainda num carneirinho,
esperando a tosa,
o desfiar do novelo
do desafio.

Mas, pelo menos,
o fio está no destino.

58.

Antes da enunciação,
uma infantaria de lágrimas
disparava dos meus olhos.
Calmamente você esperava
a marcha lenta das palavras,
a consciência do ignoto,
eu tirando os espinhos
dos ossos.

Soneto para Chocar Puristas

O vínculo, coluna vertebral
do corpo da vivência analítica,
agora está mais forte, e eu, menos crítica,
penso em nós como um diáfano casal.

Sosseguem mentes sujas. O real
é que há uma harmonia dita mítica
no lugar de uma marcha paralítica
e, no par, não se engendra o sensual.

Ou sim, há uma libido doidejante
que atrai pedra com pau, mel com salmoura,
liames pros puristas aberrantes?

Que nossa aliança seja duradoura,
que figuradamente seja amante
a liga de atualmente e a vindoura.

Soneto dos Sonhos Vingativos

Nos sonhos sou papéis de realejos,
muitos deles com as seis faces de um dado
pra você entender os meus almejos,
ou sinais que ficaram no passado.

Nos sonhos satisfaço alguns desejos,
eu mudo de aparência, idade, estado,
incandescente dou vermelhos beijos
na boca do que é arroubo recalcado.

Nos sonhos vem à tona o imaginário,
o real se transveste e ganham espaços
os sintomas do avesso e do contrário.

Nos sonhos eu recolho os estilhaços,
busco o que foi feliz marco primário,
e aliso o emaranhado dos meus traços.

Soneto da Aventura Marítima e das Descobertas

Ah aventura oceânica a desta alma
nos labirintos feitos pelas ondas.
Alteiam mal-estar, alteiam calma,
e a Terra é tão redonda, tão redonda...
Agora o sei, mas antes, quinhentista,
temia ser a sina naufragar,
receava o afã idealista,
quase morri sem circum-navegar.
As paredes de vagas ânsias dão,
mas agora sei, há especiarias
para meu destempero e depressão
quando a alma grande crê em utopias.
Matar, enfim, marinho minotauro!
Buscar o meu caminho e o meu restauro!

59.

Procuro, nessa nossa liturgia,
uma epístola com veio
de sabedoria:

Abdicar desta *overdose*
de suplícios.

Doer de quando em quando,
na proporção dos conflitos.

60.

Vim de um mundo colorido,
assinei meus sonhos mais almejados
e, agora, a alma é melro perdido
num negro fundo de mar.

A depressão, tirano verme,
rói as vísceras do psiquismo,
parece ter tentáculos prensores
esganando a garganta do vigor.

A ansiedade faz dos meus atos
chispas sôfregas: estou no submundo
da paz, fugiu de mim a membrana
que envolvia o órgão da organicidade.

Mas o melro não será presa do mar,
não criará a craca dos naufrágios.
Netuno fará um ninho com suas barbas,
e o pássaro voltará à superfície das águas.

Soneto do Desnublar Mente Turva

As interpretações surpreendem, tremem
certezas já arraigadas, meus cristais.
Vejo em cacos verdades tão perenes,
lapidado o cabal. Ai, quero sais
para quietos desmaios que ocorrem
quando se desrealiza meu real!
E quero mais, eu quero também doses
de absinto pra minha hora auroral!
No princípio resisto ao comentário
que acende luz inédita nos fatos.
Depois subo nas nuvens e bebo o tácito
néctar que berço dá a neossubstratos.
    As interpretações, deusas e algozes,
    estilhaçam, embriagam e acodem.

Soneto do Moinho se Movendo

Sempre a certeza é mãe de outra certeza.
Assim, o vento não cessa de ser
ventarola a mover mós com destreza
para o moinho de se conhecer.
Nunca estancar na nossa lenta empresa
de moer tantos grãos e absorver –
na degustação diária da surpresa –
outra surpresa prestes a nascer.
A terapia é moagem permanente,
transforma o que é bloqueado em consciente.
Mesmo quando parece bem morosa,
a engrenagem trabalha a auspiciosa
verdade de mutar a natureza:
sempre a certeza é mãe de outra certeza.

Soneto da Depressão ao São

Ah, essas nuvens baças que soçobram,
o Sol eclipsado que não abrasa!
Ah, essa chuva em sinos que não dobram
e esse vento gelado inibindo a asa!

Ah, vigas da esperança, quantas sobram
pra sustentar futuro que compraza?
Ah, parece que todos os sãos cobram
viço e ação quando estou tábula rasa!

Deixem o tempo fluir assim sonado
até que um beijo súbito, não o sonho,
façam-no rei de um reino estruturado.

Eu, súdita do tempo, por meu lado,
maquilarei o rosto tão tristonho
e cobrirei de cal o caos passado.

61.

– Potro desvairado
que corcoveia e relincha
quando tento apear.
Deixe eu caminhar na relva,
inalar sempre-vivas,
ser espetada pelas unhas
do Sol, beijar um pomar!

(O animal não me entende,
pois não me entendo
e sou o potro e sou
também a montaria.)

Pelo lampejo de consciência,
você me oferece um torrão
de açúcar, o potro amansa,
eu me desmonto e me despeço
menos potro, menos puta.

Soneto de uma Sessão de Alívio

Estou trazendo pedras na bagagem,
raízes que não sabem nutrir árvores,
gestos feitos de dois blocos de mármore,
vacuidade nos dons e faculdades.
Estou disforme, há ruga até nas unhas,
há uma raposa alada no meu corpo
e casca de granito em lustroso ovo
que pariria claras de brandura.
Você dá um desconto, não se alarma,
deixa eu pintar de cores quentes tudo,
traça tatuagem branca no meu mundo,
e a brigada pesada, esta se acalma.
    A consulta faz mágica, faz-me ave
    a planar sobre o agudo menos grave.

Soneto do Comportamento Desviante

Ó moço que conduz no labirinto
essa pobre senhora problemática.
Hoje trago à sessão meus faniquitos,
mas não tache de histérica essa ousada águia
que agora bica e põe garra em seu siso,
quer pôr tampão em Freud e, muito cáustica,
ver a psicanálise em palcos críticos.
Ó moço, ó divindade zoroástrica
que quer desviar o mal, riscar os riscos
de qualquer aventura em áreas fálicas,
fazendo crer que não ostenta um pinto.
Ó moço deixe eu ser de mim desvio,
mostrar tesão, pôr fogo no pavio.

Soneto da Máquina do Tempo

Nós possuímos no bojo do tempo passado
algo de fome e trunfos fortes de alimento
que no presente assumem um importante estado
de falta e fibra, vácuo acre e doce fomento.
Durante a terapia, eis que nós novamente
sentamo-nos à mesa em inúmeros repastos,
ruminamos sabores no ventre da mente
com talheres teóricos e emoções em antipastos.
Cada degustação, cada sopro certeiro
em migalha imantada na biografia,
abre a porta vindoura pra novo celeiro
que provirá despensa em nossa travessia.
    Na máquina do tempo me ver embarcada.
    Raiz no imobilismo é condimento ao nada.

62.

Sonhei, carnavalizei
desejos recalcados.
Trago nas palavras,
meu enredo,
minha libido,
nas festas do realismo
fantástico.
Você disseca o sonho,
pensa em tropos,
tira as máscaras,
despe as fantasias.
Viro uma literatura
insossa como canja.
Sonhar!
Viver especiarias,
meus paetês e miçangas!

Soneto da Insegurança na Hora Decisiva

Chegou minha hora crítica: mudanças!
Há que encará-las, ter mais que um punhal,
talvez o arrojamento de umas lanças
para ferir o corpo do meu mal.

Nessas sessões de danças, contradanças,
trigo e joio definem-se, afinal.
É hora de ceifar as alianças,
inclusive este liame de cristal.

Como transpor sozinha esta divisa,
enfrentar uma vida de estrangeira
no mesmo mundo que noutro se torna?

Peço aos caules e peço à quente brisa
que me forneçam seiva e uma maneira
de mergulhar no frio com a água morna?

63.

As águas paradas,
o lento processo
e a repentina pressa
de me bastar.

Sei que ainda
o sol não é pleno,
mas penso
na alta, o topo,
na alta, a base.
Nós
no desenrolar do singular.

*Céu Quase Limpo
com Clarões no Horizonte*

64.

Vai chegando ao deságue
o curso da terapia.

Nova realidade,
novo revestimento do solo,
novo fuso-horário
para correrem as horas.
A alma sem emergências aflitas,
os pés sem pisar em espinhos,
letras ao vento, raios de emoção,
vontade de vencer pulsando,
compartimentos para dores e alegrias,
nuvens muito negras diluídas,
traumas despojados, risos nas estrelas,
a pele desfeita de vincos,
a consciência dos fardos acondicionada,
raízes fiadas sustentando os passos.

Clarão positivo no horizonte:
ser mais borboleta colorida
do que mariposa cinza.

Soneto da Arqueologia e dos Tesouros

Passam-se os anos. Mais sombras habitam,
como máscaras gris, velhas histórias.
Mas nessa arqueologia que pratica
ao meu lado, nem toda antigalha é óbvia.

Com um fino pincel os pós se findam.
A cada aparição de claraboias
nos tetos soterrados pela vida
acordam ancestrais de algumas glórias.

Rio e esbraseio a acha, meus achados,
e as sombras cinzas ganham novos tons.
Fagulho, queimo os pés que eram escravos,

começo a encaminhar serenos passos
para um novo e sólido platô.
Hei de lamber de pé o mel dos fatos!

65.

Suas palavras manuseiam
certezas petrificadas.
Sob os pés, o edificado
muta-se para o estado água.
Liquefeita desço encostas,
mas nos escombros vejo
o essencial,
redesenhado em minha história.

A cegueira inicial se cega.
Novos olhos começam a vislumbrar
raios de sol lapidando
a aurora.

Soneto da Rotina Indo Bem

Estar bem é pintar louras estrelas
perfumadas, trazer ao consultório
um sonho de volúpia, trazer sedas
envolvendo a silhueta de dor e ódio.
Estar bem é cantar como um canário
apaixonado por uma andorinha,
é ter em cada gesto um sono plácido,
fazer cama de gato distraída.
Estar bem é pôr cal na foz das lágrimas,
é contar sobre um orgasmo de cor ouro,
enxugar traumas com toalhas catárticas,
ter o odor do equilíbrio no meu forno.
    Estar bem? Com você dançar foxtrotes,
    Freud tendo, aos nos ver, uns dez fricotes!

Soneto do Vislumbre do Voo

Minha fé na vitória é imperecível
e este seu jeito sempre positivo
afasta os grãos de sombra sob os cílios,
e meus olhos veem chão no Paraíso.

Arrisco novos passos, seu convite
para ser alvorada em anoitecido
desbota negros mis, os tons das crises,
e pigmenta de luz o que era mito.

Uma germinação em mim se alastra,
as raízes se expandem, sinto néctar
nas veias e dessoro doce raça.

Hoje a sessão foi como infusão de ervas,
o universo é domingo em bela praça,
e os grãos de sombra dão a vez às asas.

Soneto da Última Sessão

Como será a última sessão?
Um cheio de emoção balanço de anos,
do jogo ágil entre os sãos e os insanos
eflúvios que andavam em contramão?

Como será a última sessão?
Uma tranquila e amena despedida,
pétalas bem-querer de margarida
enfeitando de amor a ocasião?

Como nos olharemos, companheiro
de peregrinação por minha história,
no último dia, e dia que é primeiro?

Vou acondicionar luz na memória
que o breu iluminamos com um luzeiro
até essa sessão, a da vitória.

Soneto do Processo se Coroando

Há tiros afrontando a paz, existem estorvos,
mas o estampido e os corvos assustam bem menos.
Há sombras nos enredos que povoam sonhos,
mas apeio ou refreio as rédeas dos meus nervos.
As torrentes de lágrimas são um salobro
rio de dor que escorre agora mais sereno.
Mesclados com sorrisos, filetes de choro
fazem-me menos grave e não refém dos medos.
Meus atos são agora policarpos, honro
meus campos com um feltro para o jogo do enlevo.
Despertar não é só pisar num chão bem lodoso,
mas é também calcar felpudo e azul sossego.
    Graças ao seu desvelo e à crença em minha raça,
suspeito que o processo se coroa em alta.

66.

Viver metáforas,
ler no imaginário
o sentido encoberto.

No marasmo, resolvemos
esculpir um favo de mel
no meio do deserto.

A cada alvéolo explorado,
uma aleluia,
pelo véu descoberto.

Soneto da Madrugada Acalmada e Amornada

Após muitas vigílias dolorosas,
noites no vácuo, altíssima ansiedade,
agora faço amor com uma gozosa
paz que há na madrugada, esta entidade
governante do lírico e do ser
frente a si, tilintando moedas de ouro
que pagam para desenegrecer
as dores, as vitórias sem o louro.
Muito acordei você, crises de pânico,
ciclones com aranhas vinham à noite.
O taquipsiquismo tão tirânico
foi-se e faz, lá no inferno, seu pernoite.
    Com as musas, o silêncio e a luz da Lua,
    a poesia se amorna e depois sua.

67.

Não há pupilas pretas
olhando meu quintal.

As janelas estão abertas,
as portas sem ferrolho.

Enfeitam meu real
flores de todas as cores
e uma pérola em cada olho.

Soneto da Comemoração do *Insight*

Quando desato um nó que era nó górdio,
ondas de mim espraiam-me serena,
dou um assovio azul e é notório
o prazer do lenhoso em ser avenca.
O seu pomo de adão transita célere,
o cofiar da sua barba fica estático,
a boca da vitória engole a verve:
o silêncio celebra o libertário.
Um vapor de emoção sai pelos poros,
forma uma nuvem branca, cor do alívio,
e então na despedida nossos olhos
falam pela linguagem-luz do brilho.
　　Sermos par na tristeza e na alegria,
　　metáfora de núpcias: terapia.

68.

Um porto ainda flutua,
mas,

androceu e gineceu
se acariciam para a fruta;

a nuvem parece que vai
desencobrir a Lua;

não vou atirar mais em mim
diariamente a luva.

No fim da ampulheta
vislumbro o grão da cura.

Soneto da Caminhada Segura

Aos poucos, equipada, me equilibro,
e agora há uma rede sob passos,
uma rede tecida, inverno, estio,
com minha agulha atenta e a sua, tato.

Creio mais na coragem, sei desvios,
lido ágil, tal felinos escaldados,
com as placas invisíveis de perigo,
ou com o verniz que encobre o piso falso.

Na estirada por novas avenidas,
que ora se descortinam no caminho,
marcho mais cônscia, firme, com outra fibra.

Se peregrina sigo e acaso hesito,
a rede do consciente já se estica
sob o passo, o percalço e o destino.

Soneto da Trabalhadora

Por anos tecelã a me tecer
como um pano de tom bem-comportado;
tanto tempo artesã a me fazer
um artefato bem finalizado.
Eu fiandeira desfiei tramas doentes
a procurar a paz da sanidade;
eu tintureira fui tingir poentes
pra não cair de vez na escuridade.
Como operária obrei a melhoria
da morada tão ruída da rotina;
como poetisa pus na poesia
minha essência que masco: mescalina.
    Agora quero ser é modelista,
    criar roupagem leve que me vista.

Soneto de Estreia

Na soleira, limiar de vida nova,
agora vejo perdas e conquistas,
eu alo o porvir, zero eras revistas
sei que o paladar de anjo azul me prova.

A realidade novo real desova,
e espero atuar com louros otimistas,
com a minha direção, sem analistas,
com defesas e com armas que a alta aprova.

Moviola que crio edita paisagem
feita pra cenariar a personagem
atenta ao desfiar de novo enredo.

Tendo curiosidade e também medo,
eu espero que sejam coloridos
roteiros nunca dantes percorridos!

69.

Falar do ódio que ofegava
quando eu ia a você
esbarrava
e me odiava.

Registrar o amor que nascia
dos encontros do encontrar-me.

Nesta tarde a generosidade
é clara,
e a aorta nasce no ventrículo esquerdo
de cada palavra.

70.

Você sabe de lamas,
aquelas misturas de terra e água,
aquelas valas.

Você conhece pedreiras,
aquelas partes concretas,
aquelas feras.

Você me imagina agora,
passada a hora,
sozinha,
criadora e criatura
frente às minhas costelas?

Você me comemora
bíblica e bélica?

Soneto do Acampamento

Agora há uma estaca me firmando
no que antes era pântano, era charco,
enquanto eu era tenda em tênue pano
sujeito a voar até com vento fraco.
Nossos encontros eram entre paredes,
mas pra tratar das nuances veladas da alma
sentia-me ao relento quase sempre,
apesar dos tijolos, acampava.
E você, tão sensível, compreendia
que eu tinha que viver uma metáfora,
criar cenários pra parte da vida
se processando até chegar à páscoa.
 Páscoa porque se deu ressurreição
 e uma estaca me firma em estável chão.

71.

Minhas forças? Vapores se esgarçando.

Você, dedicado, de sábado a sábado,
instalou pauta e clave.

Me escalei de dó a si
e nas cordas estiradas da rotina,
encontrei nuvens e relvas,
passarinhos e feras,
agudos e graves da melodia.
Nos despedimos sabendo
que não há fim no desfecho.
A escalada continua sendo,
e o acorde final é aberto
nas articulações das instâncias
id, ego e superego.

72.

Já me vi em cela,
dona da vida
em cela.
Nervos tensos
distendi carcereiros,
o choro em torrentes
me fez imensamente náufraga.
Já me vi em cela,
dona da vida
em cela.
E me diziam viver alegorias quando
não havia a alegria de ser e
em cela mantinha qualquer liberdade
nulificada.
Agora me afasto do meu presídio
dona da raiz do livre arbítrio.

Soneto do Analisando com Alta

para Marina

Não, não há de mudar o mundo, o real,
mas, mudando a postura, meus valores,
no fundo muda o mundo e tornar-se-á
mutante o que é real pra mim, aqui e hoje,
ser humano que enfoca diferente
a sua parceria com si mesmo
e com o outro. E o saciar de voraz sede,
de ter resposta rápida, sempre cedo,
para todas as ânsias e desejos
agora se afrouxaram essas cordas,
e dormem em curva larga os desfechos
que eu, sôfrega, almejava antes da hora.
Não é fato cabal, mas um processo,
a alta que me autentica esses sucessos.

73.

Chegar do asfalto
como quem vem da relva;
carregar a alma
como brisa leve;
abrir um sorriso
como nutrida de alegria;
sentir-se firme
como a Lua que não declina;
colocar um selo
lacrando essa relação;
deixar num túmulo
o doentio traduzido;
fraudar as regras
e dar um beijo de despedida.

Entalhar uma placa
cravando-lhe "Vida!".

Soneto dos Movimentos

Abro minhas janelas mais tranquila
e vejo o sol passar pelas acácias
confeitando com luz a terra plácida
onde o meu pé direito agora pisa.
A estrada foi-me longa, ainda é longa,
pois o tempo é pra sempre movimento
e movimento até o fora e até o centro:
para o mundo e para o âmago estou pronta.
Eu caminhei deitada. Agora, ereta,
movo o destino, o passo faz contato
com o tempo e o inseparável duplo, o espaço,
que assomam mais luzentes da janela.
　　Desloco-me e a moção hoje comove
　　quem não tinha poder e agora pode.

74.

Amigo, cabe recordar
e a memória anterior a este texto
bate surda percussão.
Os textos anteriores à memória,
entregues com o calor do presente,
capitulavam esta obra viva,
respondida por respostas mornas.
Aqueles papéis depositados na mesa,
(objeto contra objeto),
infindavam fins, incitavam poemas,
o psicolirismo da terapia cotidiana.
(Emoção se dá entre sujeitos),
o senso avisava em surdina,
como silêncios e respostas,
em tirana estereotipia,
denunciavam mentiras
deliciosamente percebidas.

Bate surda percussão.
O som se move, a palavra vara bem sei que barreira.
A distância hoje tem a dimensão da distância.
O nosso tempo é o tempo do tarde.
O seu lugar é o lugar do longe.
Nossos espaços, pré-mapeados,
geograficamente nos têm
nos pontos anteriores à nossa história comum.

Mas o poema está escrito e, se escrito, em trânsito.
Será sentido, igualmente relido em minha ausência.

Pertencer eternamente à sua biografia
emociona toda a diferença.

Janeiro de 2011

"Aquele que escreve a obra é apartado, aquele que a escreveu é dispensado. Aquele que é dispensado, por outro lado, ignora-o. Essa ignorância preserva-o, diverte-o, na medida em que o autoriza a perseverar. O escritor nunca sabe que a obra está realizada. O que ele terminou num livro, recomeçá-lo-á ou destruí-lo-á num outro. Valéry, celebrando na obra esse privilégio do infinito, ainda vê nela o lado mais fácil: que a obra seja infinita, isso significa (para ele) que o artista, não sendo capaz de pôr fim, é capaz, no entanto, de fazer dela o lugar fechado de um trabalho sem fim, cujo inacabamento desenvolve o domínio do espírito, exprime este domínio, exprime-o desenvolvendo-o sob a forma de poder. Num certo momento, as circunstâncias, ou seja, a história, sob a figura do editor, das experiências financeiras, das tarefas sociais, pronunciam este fim que falta, e o artista, libertado por um desenlace, por um desfecho que lhe é imposto, pura e simplesmente, vai dar prosseguimento em outra parte ao inacabado."

MAURICE BLANCHOT

Biobibliografia

Rita Moutinho (Maria Rita Rodrigo Octavio Moutinho) nasceu no Rio de Janeiro, em 28 de junho de 1951. Bacharelou--se em Comunicação Social, tendo, depois, cursado três anos da faculdade de Letras (PUC-RJ). Começou a orientar oficinas de poesia na OLAC – Oficina Literária Afrânio Coutinho, em 1982, tendo depois ministrado aulas de oficinas e de Técnicas de Versificação na Estação das Letras, na UNB e em sua própria residência. Na OLAC era responsável, junto com Graça Coutinho, pelos Cursos de Extensão Universitária. Atuou como Editora de Pesquisa da 1ª edição da *Enciclopédia de Literatura Brasileira*, dirigida por Afrânio Coutinho e J. Galante de Souza e publicada pelo MEC/Fename em 1990. Em 2001 foi editada, pela Global Editora, a 2ª edição desta obra (Prêmio Alto Mérito Sociocultural – UBE) com coordenação de Rita Moutinho e Graça Coutinho. Trabalhou nas editoras Nova Fronteira e Nova Aguilar e foi colaboradora do *Dicionário Aurélio*. Atualmente chefia o Setor de Lexicologia e Lexicografia da Academia Brasileira de Letras. É membro titular do PEN Clube do Brasil.

Obras da Autora

Poesia:

A Hora Quieta. Rio de Janeiro, Livraria José Olympio Editora, 1975.
A Trança. Rio de Janeiro, OLAC – Oficina Literária Afrânio Coutinho, 1982.
Uma ou Duas Luas (plaquette). Rio de Janeiro, Edições Ladrões do Fogo, 1987.
Vocabulário: Um Homem. Rio de Janeiro, Arte de Ler Editora, 1995.
Romanceiro dos Amantes. Rio de Janeiro, Lacerda Editores, 1999.
Sonetos dos Amores Mortos. Rio de Janeiro, Lacerda Editores, 2006. (Prêmio Fernando Mendes Viana (poesia) da UBE)
Sete Movimentos da Alma. Rio de Janeiro, Outras Letras Editora, 2010.

Ensaio:

A Moda no Século XX. Rio de Janeiro, Editora Senac Nacional, 2000.

Título	*Psicolirismo da Terapia Cotidiana*
Autora	Rita Moutinho
Editor	Plinio Martins Filho
Produção Editorial	Aline Sato
Capa	Fabiana Soares Vieira
Revisão	Vania Maria Martins Santos
Editoração Eletrônica	Fabiana Soares Vieira
Formato	14 x 21 cm
Tipologia	Minion Pro
Papel	Pólen Soft 80 g/m² (miolo)
Número de Páginas	192
Impressão do Miolo	Gráfica Vida e Consciência